Rrustem Buzhala

Formas de integração dos albaneses na Turquia

Rrustem Buzhala

Formas de integração dos albaneses na Turquia

Imprint

Any brand names and product names mentioned in this book are subject to trademark, brand or patent protection and are trademarks or registered trademarks of their respective holders. The use of brand names, product names, common names, trade names, product descriptions etc. even without a particular marking in this work is in no way to be construed to mean that such names may be regarded as unrestricted in respect of trademark and brand protection legislation and could thus be used by anyone.

Cover image: www.ingimage.com

This book is a translation from the original published under ISBN 978-3-659-59441-0.

Publisher:
Sciencia Scripts
is a trademark of
Dodo Books Indian Ocean Ltd. and OmniScriptum S.R.L publishing group

120 High Road, East Finchley, London, N2 9ED, United Kingdom
Str. Armeneasca 28/1, office 1, Chisinau MD-2012, Republic of Moldova, Europe
Printed at: see last page
ISBN: 978-620-8-30836-0

ÍNDICE DE CONTEÚDOS

Introdução

O fenómeno da integração é hoje um dos fenómenos não só necessários, mas também inevitáveis do desenvolvimento do mundo moderno, embora existam diferentes formas de integração condicionadas por diversas circunstâncias históricas, sociais, económicas e políticas, culturais e outras. Por conseguinte, a noção de integração, ou integração, envia-nos de diferentes maneiras, dependendo das circunstâncias históricas em que foram concluídas ou estão em processo de implementação. Assim, o tema do meu trabalho "Formas de Integração dos Albaneses na Turquia", coincide com uma época e circunstâncias políticas complexas de desenvolvimento da democracia nas estruturas governamentais do Legislativo Turco evoluindo progressivamente e em consonância com as tendências de desenvolvimento sócio-económico, político e cultural da sociedade turca.

Por isso, tive como foco de interesse do meu tema a integração da comunidade albanesa nos Estados e na sociedade turca para admitir que tentei destacar algumas das formas de integração que é realidade hoje na Turquia. Tendo em conta a resolução e a definição constitucional dos direitos das comunidades étnicas que aí vivem, entre as quais a comunidade albanesa ocupa um lugar importante, tanto em termos do número de residentes de origem albanesa como em termos da sua representação em todas as estruturas, tanto a nível do governo central como do governo local. A fim de proporcionar uma panorâmica mais objetiva, há factores importantes neste processo, tais como

- A educação como forma de integração dos albaneses na sociedade turca;
- O material de apoio é uma outra forma de integração dos albaneses na sociedade turca;
- O ensino da língua turca como forma de assegurar a integração dos albaneses na Turquia;
- Criação de associações albanesas-turcas como forma de integração;
- A participação dos albaneses na vida política da Turquia;
- O nível de envolvimento no emprego em instituições culturais;
- As opiniões dos albaneses sobre as atitudes e as acções do Estado turco;

- A posição social dos albaneses no Estado turco;
- Opinião dos albaneses sobre as atitudes, acções e comportamentos do povo turco;
- O sentimento de igualdade como forma de integração dos albaneses na Turquia.

Todas estas formas de integração são apoiadas pelos resultados da análise intermissiva apresentados num quadro, a partir do qual se podem tirar conclusões sobre o grau de integração dos albaneses no Estado e na sociedade turcos.

Palavras-chave: Integração, comunidade étnica, formas de integração, direitos da comunidade

1.   *A atividade como forma de integração dos albaneses na Turquia*

Um dos factores que facilitou a integração dos albaneses na sociedade turca foi o facto de considerarem a atividade, respetivamente, como estando satisfeitos com o seu funcionamento. Embora em número reduzido, há também quem afirme que não está satisfeito com a atividade exercida na Turquia. A maior parte das famílias albanesas deslocadas na Turquia continuaram a atividade que exerciam na sua terra natal. Os que se estabeleceram em zonas urbanas começaram a dedicar-se ao artesanato e ao comércio, enquanto os que viviam em zonas rurais se dedicaram ao trabalho da terra e à criação de gado. Algumas famílias albanesas distinguem-se pelo cultivo de novas culturas agrícolas, como, por exemplo, o algodão na aldeia de Yenikoy, perto de Ayjdinit e nos arredores de Ceyhanit, a melancia nas aldeias de Bafra[1] e nos arredores de Adana, bem como o cultivo de arroz nas aldeias de Bafra. Há também pessoas que, para garantir as condições, são obrigadas a realizar actividades impostas, ou seja, a trabalhar fora da sua vontade. O precioso artesanato albanês é conhecido por quase toda a Turquia, como, por exemplo, a transformação de sacos de couro em Istambul, Izmir,[2] têxteis ou bolsas, o mobiliário em Ine Gaulle e Eskisheher, a cozinha popular[3] , etc. O quadro seguinte mostra mais pormenorizadamente as opiniões dos albaneses na Turquia sobre as actividades que realizam.

---

[1] Devido ao cultivo de melancias de alta qualidade, uma aldeia chamada Bafra recebeu o nome de Karpuzlikoy, que em albanês significa aldeia da melancia.

[2] Empresa "Martash", 9 Kardeshleri" em Istambul.

[3] Conhecido restaurante em Florya, em Istambul, chamado "Kosova", do proprietário Salih Kosova.

Are you satisfied with performing your avtivities?	No. of the respondents	Percentage
Yes	443	88.6
Neutral	11	2.2
I had no other options	8	1.6
No	6	1.2
Undeclared	32	6.4
TOTAL	500	100

Gráfico n. 12

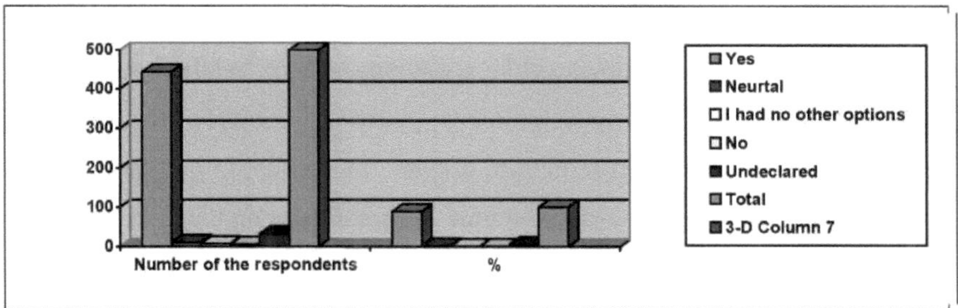

Os resultados apresentados neste quadro mostram claramente que o maior número de inquiridos, 443 ou 88,6%, está satisfeito com a atividade exercida na Turquia. Alguns deles, 11 ou 2,2 por cento, declararam "nem sim nem não". Há também quem diga que não teve outra escolha senão exercer esta atividade. Este número é de 8 ou 1,6 por cento de todos os inquiridos. Mas há outros que estão insatisfeitos com a atividade que realizam. Este número é de 6 ou 1,2 por cento. Entretanto, 32 pessoas ou 6,4 por cento não estão declaradas para este efeito.

2. *A educação como forma de integração dos albaneses na Turquia*

O direito à educação na sua língua materna, bem como uma série de outros direitos humanos, foi originalmente definido na *Declaração Universal das Nações Unidas em 1948,* que não tinha força legal. Mais tarde, foi enriquecida com disposições adicionais e adquiriu força jurídica com a adoção da *Convenção Europeia dos Direitos do Homem de 1955,* que foi ratificada por muitos países. Por conseguinte, partindo do significado básico dos direitos humanos, por um lado, e do objetivo de os fazer respeitar plenamente perante os vários Estados, por outro, podemos dizer que os direitos humanos têm semelhanças com "os direitos naturais", que filósofos, sociólogos, teóricos políticos, juristas e outros têm tido em consideração há séculos. São, em princípio, direitos que deveriam pertencer a todos os seres humanos e não depender de nenhuma nacionalidade ou estatuto particular. Trata-se, de facto, de direitos que são considerados direitos fundamentais. À luz destes direitos fundamentais, inclui-se *o direito à educação na língua materna dos grupos étnicos, das minorias étnicas, etc.* Como é que este direito, ou seja, o direito à educação nas línguas das minorias étnicas, é aplicado pelo Estado turco é a questão seguinte, que exige uma resposta não só no que diz respeito à definição jurídica deste direito na legislação turca, mas também ao grau de aplicabilidade na vida quotidiana. Resolve a questão da educação de acordo com os mais elevados padrões europeus e mundiais do direito à educação nas línguas das minorias étnicas, ou existe uma prática de desrespeito pelas disposições legais internacionais para a realização deste direito fundamental das minorias. No decurso da nossa investigação científica sobre o processo de integração da comunidade albanesa na comunidade turca, a tendência futurista aumentou - direcções de verificação da integração da tese desta comunidade quase inteiramente na estrutura social turca. Por conseguinte, servimo-nos também da análise das definições jurídicas das minorias étnicas e dos seus direitos e da realização prática desses direitos das minorias.

A questão da educação na língua materna das minorias na Turquia é legalmente sancionada, pelo que ao grupo minoritário reconhecido com base no

Tratado de Lausanne de 1923 (gregos, arménios e judeus) foi reconhecido, para além de outros direitos, o direito à educação na sua própria língua, enquanto a numerosos grupos minoritários que vivem atualmente na Turquia esse direito não é reconhecido. O primeiro grupo das chamadas *minorias religiosas não muçulmanas* depara-se com o problema da aplicação do artigo 40° do Tratado de Lausana (1923), relativo à utilização da língua materna na educação, segundo o qual o Estado deve conceder às minorias não muçulmanas "*o direito igual de estabelecer, gerir e controlar as suas despesas ... em escolas e outras instituições de consulta e educação, o direito de utilizar a sua própria língua*".[4] No entanto, as disposições legais do Estado turco definiram o direito à educação nas línguas minoritárias, fazendo a diferença entre as duas categorias acima referidas. Para as *minorias não muçulmanas*, o Estado turco é obrigado a reconhecer todos os direitos das minorias, nomeadamente o direito à educação na sua língua materna, ao passo que para *as minorias muçulmanas*, não. No n.º 9 do artigo 42.º da Constituição turca está escrito: "Os cidadãos turcos não podem ensinar outra língua, para além da língua turca, como língua materna, em nenhuma instituição de ensino e formação. A utilização de línguas estrangeiras nas instituições de ensino e formação e as regras a ignorar pelas medidas de ensino e formação nas escolas de línguas estrangeiras serão definidas por lei".[5] Com base na lei sobre o ensino e a educação em línguas estrangeiras (outubro de 1983), que regula a aprendizagem de outras línguas para além do turco, o Conselho de Segurança Nacional (composto pelo Presidente, ministros e chefes das forças armadas) decide qual a língua que pode ser aprendida. Atualmente, as línguas estrangeiras (externas) são as seguintes: Inglês, francês, alemão, russo, italiano, espanhol, árabe, japonês e chinês, podem ser ensinadas. Estas regras eram aplicadas no sector público e privado[6] Com base nestas restrições legais ao direito de utilizar a língua das minorias na educação, e na prática da sua realização, existem discrepâncias consideráveis entre as duas categorias de minorias étnicas, que distinguem o Estado turco.

---

[4] Nurcan Kaya e Clive Baldwin, Minorities in Turkey: Submission to the Europien Union and the Government of Turkey, 1 de julho de 2004, p. 19.
[5] Segundo: Human Rights Watch, Questions and Ansewers: Freedom of Expression and Language Rights in Turkey, p. 4.
[6] Aqui mesmo, p. 4.

Relativamente à primeira categoria, os meios para as *minorias não muçulmanas reconhecidas*, embora lhes seja garantido o direito à educação na sua língua materna, têm alguns problemas para o concretizar na prática. De facto, a atividade regular é impedida nas escolas das minorias de diferentes formas.

Em primeiro lugar, as minorias não muçulmanas continuam a enfrentar o problema do fornecimento de material pedagógico ou de material didático aprovado pelo respetivo ministério.

Em segundo lugar, as minorias mencionadas estão a enfrentar restrições estatais aos professores de minorias.

A segunda categoria, *designada por minorias* muçulmanas, pertence a um grande número de minorias étnicas muçulmanas, mas a sua participação na população total da Turquia é significativa (curdos, cerca de 15 milhões ou 20% da população total, alevitas, (os alevitas), 12-15 milhões, cherkess, cerca de 2 milhões, albaneses, 4-5 milhões, laz, ciganos, etc.). Com base no direito da categoria de minoria definido na Declaração das Nações Unidas sobre os direitos das pessoas pertencentes a minorias nacionais, étnicas, religiosas e linguísticas, entretanto, adoptada pela Resolução da Assembleia Geral n.º 47/135 de dezembro de 1992, o artigo 3.º escreve: *"Os Estados devem tomar medidas adequadas para que, sempre que possível, as pessoas pertencentes a minorias tenham oportunidades adequadas de aprender a sua língua materna ou de receber aconselhamento na sua língua materna"*. Tanto quanto sabemos, o Estado turco não fez muito em relação a estas disposições legais das Nações Unidas. Até a Convenção sobre os Direitos da Criança das Nações Unidas (artigo 29.º) afirma que: *"A educação das crianças deve ser orientada... para o desenvolvimento e o respeito... da sua identidade cultural, da sua língua e dos valores de outras crianças pertencentes a minorias"*. Hoje em dia, na Turquia, há também um problema para os direitos dos curdos, que são obrigados a continuar a envidar esforços para concretizar os seus direitos nacionais através da atividade política do Partido Comunista Curdo, liderado pelo seu líder Abdullah Ocallan. agora preso. O governo turco considera os esforços dos curdos como separatistas e, como tal, proíbe a adoção de medidas repressivas. O primeiro-ministro turco, Bylent

Ecevit, considera assim as reivindicações dos curdos: "Aprender curdo na universidade é impossível, porque significa nada menos do que uma forma subtil de dividir a nação turca".[7] Este tipo de explicação foi e continua a ser a estimativa oficial do Estado turco para a ameaça de pôr em risco o Estado turco que é capaz de prever as actividades políticas curdas. Por outro lado, todas as estimativas dadas por "vários conselhos para os direitos humanos e as minorias", bem como por governos independentes, falam da violação sistemática dos direitos humanos e dos direitos das minorias na Turquia. Por conseguinte, *a Federação Internacional de Helsínquia para os Direitos Humanos,* mas também outros conselhos independentes para a observação dos direitos humanos, apresentam um conjunto de recomendações ao Estado turco para melhorar a situação dos direitos humanos e, neste contexto, melhorar os direitos das minorias étnicas. Uma das condições de adesão da Turquia à União Europeia inclui o pleno respeito das liberdades e dos direitos das minorias étnicas: *a liberdade de expressão de opinião; o cultivo da liberdade religiosa e da tolerância religiosa; os direitos linguísticos; os direitos económicos e sociais, etc.* [8] É interessante mencionar, neste caso, uma das muitas recomendações desta comissão, que diz respeito à *língua correta:* "Recomenda-se à Turquia a realização imediata de uma reunião legislativa, cujo objetivo essencial será a promoção da educação, da língua, da propriedade e de outros direitos para três grupos minoritários formalmente aceites".[9]

À luz destas definições políticas e jurídicas, a questão da educação dos emigrantes albaneses na Turquia também deve ser abordada. A questão do direito à educação na sua língua materna, como é o caso, é um dos requisitos básicos e a União Europeia que a Turquia pede se quiser entrar nesta nova comunidade de Estados.

A educação dos deslocados na Turquia ou dos seus filhos tem sido o fator mais importante no seu processo de integração na sociedade turca. Todos os inquiridos

---

[7] Aqui mesmo, p. 4.

[8] Ver: Federação Internacional de Helsínquia para os Direitos Humanos (IHF): Turkey: A Minority Policy of Systematic Negation, outubro de 2006.

[9] Aqui mesmo, p. 25.

afirmaram que as crianças não sabiam falar turco até irem para a escola. Um dos inquiridos da aldeia de Kapazy, chamado Yakup mas conhecido pelos colegas, que são todos albaneses, como Uka (nome desconhecido para os turcos), fala por ordem do pai, no primeiro dia de escola: "Quando o professor perguntar como se chama, tens de responder Jakup Demir". A ordem de Jakupi segue as recentes greves do pai e entra na sala de aula, enquanto o professor diz em turco para fechar a porta, ao mesmo tempo que se lembra que lhe pede o nome e responde: "Jakup Demir!". Assim responde três vezes, até que o professor determina que ele não compreende o seu pedido para fechar a porta. Depois, fecha-se uma porta a outro aluno e o professor compreende que Jakupi não tinha pedido para ser chamado, mas que lhe tinha pedido para fechar a porta. [10] Todos os inquiridos, com exceção dos 13 falantes que não foram declarados, afirmaram que educam ou educam os seus filhos em turco. Analogamente, pode concluir-se que estes casos foram numerosos e que as crianças albanesas tiveram muitas dificuldades nos primeiros anos de escolaridade em turco. O Governo turco, considerando os recém-chegados como turcos, não lhes proporcionou uma educação que conhecesse a língua, mas apenas em turco. Quando questionados sobre se davam prioridade à educação das raparigas ou dos rapazes, há aqui uma grande diferença. Assim, a maioria declarou que dá prioridade à educação de igual modo, para raparigas e rapazes. No entanto, a continuação do ensino superior é feita quase exclusivamente por rapazes, embora o interesse pela educação das raparigas esteja a aumentar, especialmente nas zonas urbanas, como Istambul, Izmir, Bursa, Ancara, etc.

---

[10] Jakup (Demir) Kelmendi, que partiu de Babin Mosti, perto de Pristina, em 1912, vive na aldeia de Kapazy, perto de Niksarit, conversando em 23 de maio de 2004.

Cidade de Niksar, povoação com uma elevada concentração de albaneses emigrados em 1913

Este facto pode ser melhor visualizado no quadro que se segue:

Quadro 13. Educa os seus filhos? Qual é a sua prioridade?

What is your priority?	Number of the respondents	Percentage
Males	35	7
Females	20	4
Males and females	432	86.4
Undeclared	13	2.6
TOTAL	500	100

Gráfico n. 13

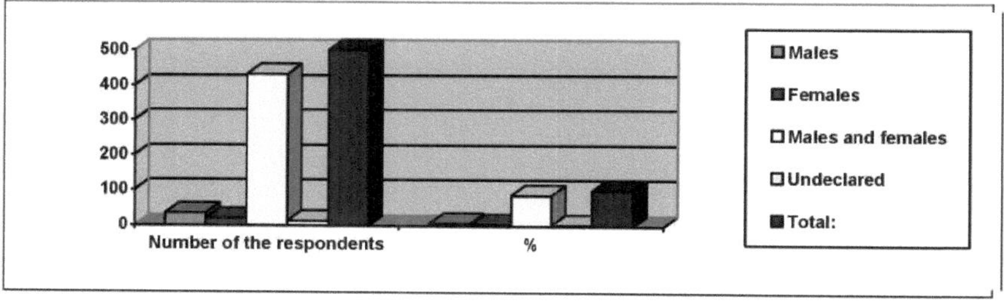

A maior parte dos albaneses que vivem na Turquia não faz qualquer diferença significativa na sua vantagem educativa, nomeadamente na educação de rapazes ou raparigas. Como se pode ver, a diferença é pequena. Do total de inquiridos, 35 ou 7 por cento afirmaram dar prioridade à educação dos rapazes e 20 ou 4 por cento à das raparigas. No entanto, em termos globais, 432 ou 86,4 por cento afirmaram que dão prioridade tanto a rapazes como a raparigas. No entanto, de acordo com a minha observação, a afirmação não corresponde à realidade, porque na prática dão mais importância à educação dos rapazes do que à das raparigas. De todos os inquiridos, 13 ou 2,6% não declararam nada.

3. *A posição material como forma de integração dos albaneses na Turquia*

A integração dos albaneses na Turquia estava estreitamente ligada ao seu estatuto material. No início da sua instalação, uma grande maioria encontrava-se numa situação financeira difícil, o que resultou na sua rápida integração na sociedade turca. Além disso, a melhoria da situação material dos albaneses na Turquia acompanhou igualmente a sua integração na vida quotidiana da sociedade turca. No que se refere à vida futura, a maioria dos inquiridos afirma estar satisfeita com a sua situação material atual na Turquia. Um pequeno número afirma estar satisfeito em parte e nenhum dos inquiridos afirmou não estar satisfeito com a sua posição material. No entanto, há um número de inquiridos que salienta estar parcialmente satisfeito e parcialmente insatisfeito.

Quadro 14. Está satisfeito(a) com a sua situação financeira atual?

Are you satisfied with financial position which you have now?	No. Of the respondents	Percentage
Yes	425	85
Partly	42	8.4
Partly yes, partly no	18	3.6
No	0	0
Undeclared	15	3
TOTAL	500	100

Gráfico n. 14

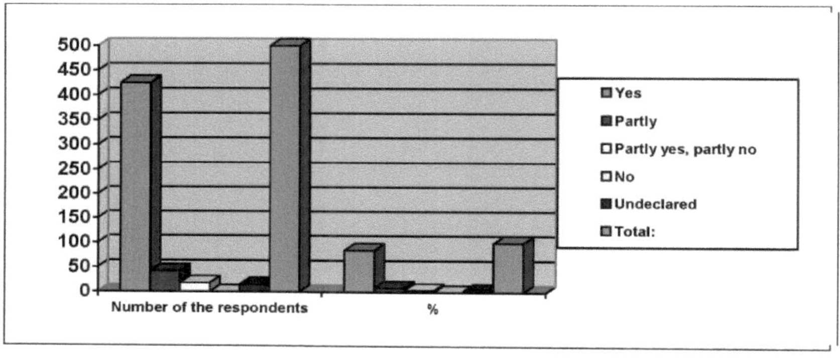

Este gráfico mostra que a atitude dos albaneses relativamente à situação financeira que têm na Turquia é satisfatória. Do número total de inquiridos, 425, ou seja, 85%, afirmaram estar satisfeitos com a sua situação financeira, apesar de o Estado não ter vindo ajudar, mas sim eles próprios, ou seja, graças às suas competências. Nenhum dos inquiridos afirmou não estar satisfeito com a sua situação financeira. Parcialmente satisfeitos estão 42, ou seja, 8,4 por cento do total de inquiridos.

4. O ensino da língua turca como forma de integração dos albaneses na Turquia

A educação em turco é, sem dúvida, uma forma que tem sido crucial para uma melhor adaptação à sociedade e ao sistema turco. A questão da educação dos seus cidadãos é uma das questões fundamentais para uma sociedade que se coloca a tarefa e a responsabilidade de estabelecer condições gerais em termos de infra-estruturas escolares para a inclusão de todas as crianças na escolaridade obrigatória, por um lado, bem como de fornecer infra-estruturas legais que regulem o direito de acesso a todos os níveis de ensino das diferentes gerações, por outro. Este direito significa o direito à educação, que é regulado de diferentes formas por diferentes sociedades e Estados, dependendo do carácter democrático do Estado e da forma de regime político-estatal do país. Isto, de facto, significa como a política oficial de um país levanta e trata a questão da educação: tem em conta a estrutura multiétnica da sociedade ou não considera importante essa estrutura na definição político-jurídica desta questão. Hoje em dia, no mundo moderno, existem diferentes definições jurídicas, mas a tendência para a solução político-jurídica deste direito nos países onde o Estado se constrói numa base democrática de respeito por todas as liberdades e direitos humanos garantidos pela *Carta das Liberdades e dos Direitos Humanos das Nações Unidas,* mostra a vontade política de certos Estados de respeitar todos os direitos humanos e liberdades, no âmbito dos quais se insere a educação dos grupos étnico-minoritários na sua língua materna. Qual é a vontade política e a disponibilidade do Estado turco no que diz respeito ao respeito por este direito, ou seja, o direito à educação das minorias na sua língua materna. Esta é uma questão, quão difícil e complexa, bem como importante e necessária para elucidar não só a posição da minoria neste importante segmento da vida social, ou seja, a posição da comunidade albanesa lá, mas também para a perspetiva sombria de uma maior preservação e cultivo da língua e da cultura das comunidades étnicas grandes e albanesas. Para clarificar a atual posição das comunidades minoritárias no sistema educativo, convém remeter para as definições constitucionais e jurídicas do Estado turco, a fim de tirar certas conclusões em termos de direitos e liberdades das comunidades minoritárias em Estados multiétnicos, como é o caso da atual composição da sociedade turca com muitas comunidades étnicas.

Por conseguinte, no caso da sociedade turca, nomeadamente o Estado turco, a questão da educação, a sanção da *última Constituição de 1982*, no artigo 42°, que também previa o acesso à educação obrigatória e voluntária apenas numa língua, ou seja, apenas em turco, porque no artigo 3° (três) da Constituição em vigor afirmava claramente que a língua oficial da República da Turquia é o turco. Por conseguinte, o facto de se permitir o ensino em qualquer outra língua é considerado contrário ao espírito deste artigo, ou seja, ao artigo 3° da Constituição da Turquia. A atitude da política oficial da Turquia relativamente a esta questão foi criticada pela Comissão Europeia contra o Racismo e a Intolerância (ECRI) do Conselho da Europa, no seu terceiro relatório sobre a Turquia, publicado em fevereiro de 2005. O relatório solicitava ao Parlamento turco que reconsiderasse o artigo 42° da Constituição em vigor, que proíbe a aprendizagem de outra língua, exceto da língua turca como primeira língua nas escolas. No entanto, uma tal alteração parece impossível, se se compreender plenamente o artigo 3 (três) da Constituição turca, cujo conteúdo interpretámos acima. O princípio constitucional da proibição referida à Turquia para a educação noutras línguas como primeira língua, mas uma que seja oficial, para os seus cidadãos é semelhante à regulamentação legal desta questão, como na Alemanha, França, Áustria, em todos os estados membros da União Europeia. Entretanto, desde 2004, os cursos privados para o ensino de línguas locais podem ser abertos e funcionar com ou sem supervisão do Estado.[11]

As sondagens revelam que a maioria dos albaneses que vivem na Turquia estão satisfeitos com o ensino da língua turca porque lhes permitiu criar uma posição social e económica favorável. O envolvimento das crianças na educação foi, de facto, um fator, talvez decisivo, no início do processo de integração dos albaneses na Turquia. Este momento, de facto, representa também o início do esquecimento da

---

[11] Constituição da Turquia (1982) - Wikipédia, a enciclopédia livre, p. 1.

língua albanesa, que os albaneses tinham armazenado durante muito tempo, graças a um estilo de vida patriarcal e tribal. O Governo turco não reconhece a existência de outras comunidades étnicas, exceto a comunidade grega, arménia e judaica.[12]

Desta forma, não respeitando os direitos das minorias, que o governo turco não existia. Na sua Constituição previa a não escolarização na sua língua materna. Este facto revela uma discriminação daqueles que tinham fugido para a Turquia por pressão dos países que quebraram os territórios que a Turquia tinha nos Balcãs, principalmente os albaneses. Para além disso, a política oficial na fixação dos colonos albaneses deslocados pelas terras albanesas, apesar de ser um número significativo, dispersou-os por todo o Império, de forma a fazer com que a comunidade se constituísse como compacta e de fácil integração na sociedade turca. Este facto pode ser explicado da seguinte forma: enquanto pequena comunidade familiar os albaneses eram auto-suficientes para existirem materialmente, pois todos os membros da família trabalhavam em casa, todos no campo, a comunicação era apenas em albanês. Por conseguinte, quando as entrevistas se depararam com declarações através das quais se afirmava que as crianças em muitas povoações albanesas não sabiam turco, indo para a escola, enquanto os mais velhos e as mulheres idosas nascidas lá (Turquia) não falavam turco.[13][14][15][16][17]

Para ver a atitude dos albaneses na Turquia em relação ao ensino em turco, verá o quadro de resultados abaixo:

---

[12] Nos termos do Tratado de Lausanne de 1923, o Estado turco só tem o estatuto de comunidades não islâmicas para três minorias: Gregos, Arménios e Judeus.

[13] Hyra (Erken) Pasjaqa, nascida na BAFER, onde vive atualmente, 76 anos de idade, 22 de maio de 2004; Sina (Ylldiz)

Binqolli, nascido em Kapagzi e que vive atualmente em Niksar, 50 anos, os pais foram embora de 1912 a 1913.23 em maio de 2004; Xhevdet Ku?i, cujo pai nasceu na Turquia, 44 anos, vive em Qevertepe (Naxharli), Adana, 25 de maio

2004; Nasibe Dumnica, nascido na Turquia, residente em Ynlyce, perto da cidade de Ceyhan, 26 de maio de 2004, Emrullah

Zhegrova, que saiu de Pristina em 1924, vive atualmente em Yenikoy, perto de Koqarly, distrito de Aydinit, em 28 de maio de 2004, etc.

Are you satisfied with education in Turkish language?	No. of the respondents	Percentage
Yes	467	93.4
Relatively	15	3
No	0	0
Undeclared	18	3.6
TOTAL	500	100

Gráfico n. 15

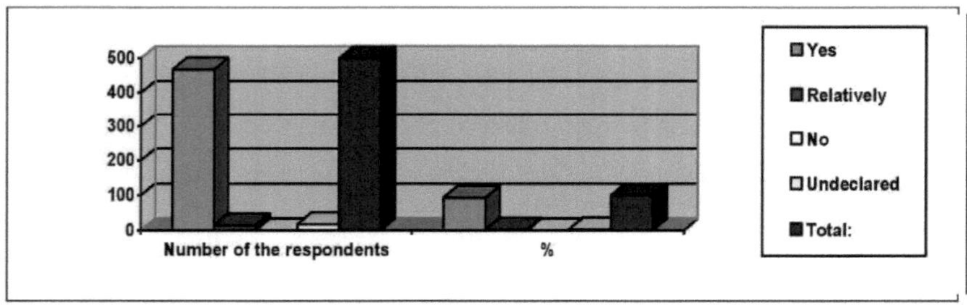

Os resultados acima referidos mostram que 467 ou 93,4% dos inquiridos estão satisfeitos com a sua educação ou a dos seus filhos em turco, o que constitui um grande alívio no processo de integração. Esta abordagem em relação à aceitação da educação em turco, como se pode ver nas declarações da maioria, pode ser explicada pelo facto de não terem outra escolha. De facto, não tiveram a coragem, mesmo hoje, nas circunstâncias mais favoráveis, sócio-políticas, de procurar o Estado turco para estudar em albanês, ou pelo menos para começar a aprender a língua e a história albanesas no âmbito do currículo das escolas primárias.

Nenhum dos inquiridos declarou que está satisfeito com o ensino da língua turca. A autodeterminação de não declarar que não estão satisfeitos com a educação em turco, fala para observar que reina neles ainda a exigência de educação na língua albanesa é um luxo e, portanto, é melhor não exigir o cumprimento desta necessidade para a comunidade albanesa.

Entretanto, a declaração de 15 inquiridos, ou seja, 3 por cento, que estão relativamente satisfeitos com a educação em turco, faz pensar que alguns albaneses começaram a manifestar uma espécie de insatisfação pelo ensino da língua estrangeira para a comunidade albanesa, quando este número é adicionado à percentagem dos que não estão declarados, é impressionante a verdade de que um número crescente de albaneses manifesta insatisfação com o estado da sua educação na Turquia (até 18 ou 3,6 por cento não declararam nada sobre isso). Se fizermos uma avaliação comparativa dos resultados do inquérito sobre as prioridades em matéria de educação, verifica-se que os rapazes estão mais integrados através da educação na sociedade turca. Isto é compreensível, uma vez que os rapazes são mais favoráveis à educação do que as raparigas, apesar de se terem manifestado declaradamente a favor da igualdade na educação de ambos os sexos.

5. *Criar associações albanesas-turcas como forma de integração*

Uma outra forma, que pode ser considerada como uma restrição à integração dos albaneses na sociedade turca, é o estabelecimento e a participação dos albaneses em várias associações na Turquia. Um número relativamente elevado de inquiridos declarou pertencer a uma associação. A criação de associações albanesas na Turquia é uma expressão da consciência nacional de alguns nacionalistas albaneses, que tentaram manifestar politicamente a presença da consciência nacional. Estes nacionalistas foram forçados a procurar asilo na Turquia e noutros países europeus, especialmente após a Segunda Guerra Mundial. Por conseguinte, atualmente na Turquia existem várias associações albanesas-turcas, como em Istambul, Izmir, Bursa, Ancara, etc. Das associações culturais e artísticas, duas são as mais proeminentes, que cultivam as canções e as danças albanesas. Uma é de Skopje e chama-se "Namik Kemajl" (escritor turco famoso, que tinha mãe albanesa), e a de Kumanovo Zafer[18] (Bursa). Estas duas NAO organizam concertos, mas estão mais presentes nos casamentos onde vão todas as semanas, em quase todas as cidades onde há albaneses: Istambul, Bursa, Adapazan, Jenixhol (juntamente com Gaulle), etc. Canção sobre o seu favorito, que também principalmente exigido, foi (devido a circunstâncias políticas no Kosovo) "Oj Kosovë, oj nana ime", pastaj "Qou mor Rexho, con djalo", "Shahe mori shoqe", e de danças o chamado "Shotë" e esses tipos de danças que dominam como os de Shkup.[19]

Nomear as associações feitas com turcos, que, com toda a probabilidade, gozam do apoio e da simpatia do governo turco. De facto, muitas associações são rotuladas com os países de onde provêm os iniciadores da sua criação. Foi observada uma tendência para designar noções geográficas albanesas, mas uma noção geográfica que existia no passado histórico, ou seja, a parte ocidental da Turquia nessa altura, como Rumelia. Os períodos de criação das associações são diferentes, ou seja, dependem das circunstâncias sócio-políticas que reinavam em várias épocas

---

[18] Zafer é uma cidade do bairro de Bursa habitada principalmente por albaneses, a maioria dos quais deslocados da Macedónia
[19] Ferit Shehu & Sevdije Shehu, Ethnic cleansing of the Albanian territories, 1953-57, p,59.

do Estado turco. Algumas delas foram criadas durante a última guerra no Kosovo em 1999 e depois dela, mas há homens que têm uma história de ação mais longa, por exemplo, a associação "Irmandade Turca - Albanesa" que funciona desde 1950, em Istambul[20] Esta associação está organizada numa base nacional, tanto albanesa como civilizacional, que tem a sua sede na "Bajrampasha"[21] em Istambul, com a sua filial em Ancara. Está registada no bar das autoridades turcas. No seu programa, esta associação tem como tarefa principal a realização de actividades culturais para preservar a identidade nacional albanesa e reforçar a amizade e a fraternidade com o povo irmão turco, para que a comunhão sirva de ponte entre os dois povos dos dois países. A associação ocupa-se de actividades de solidariedade com os que necessitam de ajuda material. Recolheu e distribuiu ajuda material aos necessitados, mas também para a Albânia e o Kosovo. Organizou, no início de 99, dois concertos para ajudar o Kosovo. Num deles, em Istambul, estiveram presentes cerca de 10.000 espectadores. No concerto, o cantor de ascendência albanesa major turco Emel Sayn, especialmente para ajudar a questão do Kosovo, cantou "Oj Kosovë, oj пёп;1 ime". O lema destes concertos era o reconhecimento da República do Kosovo e a proteção do Kosovo contra a agressão sérvia.[22] Para além dos objectivos acima referidos, a associação pavimentou-se como uma tarefa para a língua albanesa para as crianças de ascendência albanesa. Este era um dos sonhos mais queridos dos activistas desta associação, que descrevia a revista Enver M. no. 3, publicada em 1994, assim: "Outrora, quando talvez se falasse em abrir uma loja para ensinar os nossos filhos na sua língua materna na Turquia, era absurdo. Este sonho começou a realizar-se nos dias de hoje. Esta iniciativa foi lançada e executada pela associação "Irmandade Albanesa" com sede em Istambul, embora atualmente o ensino seja feito na associação, mas acreditamos que entretanto, com a ajuda dos companheiros, serão criadas condições mais favoráveis. O ensino está a ser realizado em três grupos, de 10 a 15 alunos cada grupo. E foram divididos com as respectivas idades desde I - II - III.

---

[20] Esta associação publicou a revista "Besa", a partir de dezembro de 1993 e continuou a publicar vários números no ano seguinte, tendo sido encerrada por razões financeiras, conforme declararam os dirigentes da associação.

[21] Bairro de Bajrampashes, o bairro é povoado por albaneses contra os albaneses que lhe chamam o bairro "Pequeno Kosovo". Dizem que há cerca de 200.000. residentes albaneses.

[22] Ferit Shehu & Sevdije Shehu, Citing the work of p, 60.

As aulas têm lugar aos sábados, domingos e segundas-feiras. As disciplinas são Inglês - Turco - Inglês - Matemática, etc. Os interessados podem obter informações mais pormenorizadas na associação ou por telefone (número). Desejamos-vos sucesso no trabalho dos professores e desejamos longa vida à escola"[23]. Em conversa com os dirigentes da associação, ficámos a saber que esta atividade muito importante da educação nacional não continuou durante muito tempo por razões financeiras.

Emel Sayen, famoso cantor turco descendente de albaneses

Esta e outras associações, para além da ajuda prestada à Albânia e ao Kosovo, desenvolveram uma atividade política junto das autoridades turcas, a fim de se sensibilizarem para a questão do Kosovo. Para o efeito, a convite da associação "Irmandade Turco-Albanesa", deslocaram-se à Turquia o líder albanês do Kosovo, Ibrahim Rugova, e o responsável pelas actividades políticas Adem Demaci. O Presidente da Assembleia Turca, Sr. Cindoruk e o líder do Partido Anavatan, Sr. Mesut Yilmaz, receberam pedidos de assinaturas provenientes dos albaneses do Kosovo para reconhecer a República do Kosovo em 6 de julho de 1992, enquanto que em 4 de fevereiro de 1992 uma delegação da referida associação do Primeiro-Ministro reuniu-se com o turco Sulayman Demirel, que também entregou as assinaturas dos turcos do Kosovo e dos albaneses da Turquia para reconhecer a República do Kosovo. A presidência desta associação organizou uma reunião com o então presidente da Turquia, Sr. Turgut Ozal, em 13 de dezembro de 1992, para

---

[23] Revista "Besa", fevereiro de 1994, n.º 3, p.10.

solicitar o apoio da Turquia na questão do Kosovo.[24]

O fenómeno da inação única com um rótulo por parte dos albaneses está presente pelo facto de quase todos os albaneses quererem que, por ocasião da nomeação da associação, se identifique a área, ou região de movida, como, por exemplo, associação de Peja, de Gjilan, de Prizren etc. No entanto, para além do compromisso de ajudar o Kosovo durante a guerra e as suas consequências, as associações têm de preservar a tradição e a cultura. Segue-se uma lista de todas as associações albanesas que operam atualmente na Turquia, com exceção das acima mencionadas, que são as seguintes

1.   Koprulu Yabulcista Dernegi com base em Gaziosmanpasa, Stamboll;

2.   Mustafakemalpasa Rumeli Halk Oyunlarl ve Kultur Dernegi, Mustafakemalpasa. Bursa;

3.   Pirlepeliler Kultur ve Dayanisma Dernegi, Bayrampasa, Istambul;

4.   Kircovalilar Kultur ve Dayani§ma Dernegi, Bayrampa§a, Istambul;

5.   Gostivarlilar Kultur ve Dayani§ma Dernegi, Alibeykoy, Istambul;

6.   Kalkandelenliler Kultur ve Dayani§ma Dernegi, Aksaray, Istambul;

7.   Tum Rumeli Turkleri Kultur ve Dayani§ma Dernegi, Zeytinburnu, Istambul;

8.   Pri§tineliler Kultur ve Dayani§ma Dernegi, Aksaray, Istambul;

9.   Kosovalilar Kultur ve Dayani§ma Dernegi, Aksaray, Istambul;

10.   Esenler Rumeli Turkleri Kultur ve Dayani§ma Dernegi, Esenler, Istambul;

11.   Tum Balkanlilar Kultur ve Dayani§ma Dernegi, Alibeykoy, Istambul;

12.   Prizrenliler Kultur ve Dayani§ma Dernegi, Aksaray, Istambul;

13.   Ipekliler Kultur ve Dayani§ma Dernegi, Bakirkoy, Istambul;

14   Gocmenler Yardim Dernegi, Gaziosmanpa§a, Istambul;

15 . Kosova Gilanlilar Kultur ve Dayani§ma Dernegi, Aksaray, Istambul;

---

[24] Ferit Shehu & Sevdije Shehu, Citing the work of, p. 61.

16 Rumeli Isadamlari Dernegi, Mecidiykoy, Istambul;

17 Manastir Folklor Arastirma, Bayrampa§a, Istambul;

18 Trakya Balkanlar Kultur ve Dayani§ma Dernegi, Sefakoy, Istambul;

19 Rumeli Turkler Federasyon, Gaziosmanpa§a, Istambul;

20 Bosna Sancak Kultur ve Dayani§ma Dernegi, Bayrampa§a, Istambul;

21 Uluslararasi Karde§lik ve Yardimlasma Dernegi, Uskudar, Istambul;

22 Cagdas Balkan Turkleri Dayani§ma ve Egitim Vakfi;

23 Kosova Rumeli Kultur Sanat Turizm Dernegi, Izmir;

24 Kosova GUQ Spor Klubu, Istambul.[25]

Como destacámos acima, o estabelecimento e a organização das associações albanesas na Turquia contribuiu e contribui ainda hoje, em certa medida, para a manutenção da cultura albanesa em geral, ou seja, a língua, a tradição, o folclore, o vestuário étnico, os costumes sociais e os costumes albaneses, a alimentação, etc. Numa palavra, ajuda a cultivar os valores culturais albaneses, resistindo durante algum tempo ao futuro processo inevitável da sua integração na comunidade social e

---

[25] Fonte : arnavut.com/ dernekler.php.

no Estado turco.

Quadro 16. É membro de alguma associação?

Are you a member of any association?	Number of the respondents	Percentage
Yes	410	82
No	70	14
Undeclared	20	4
TOTAL	500	100

Gráfico n. 16

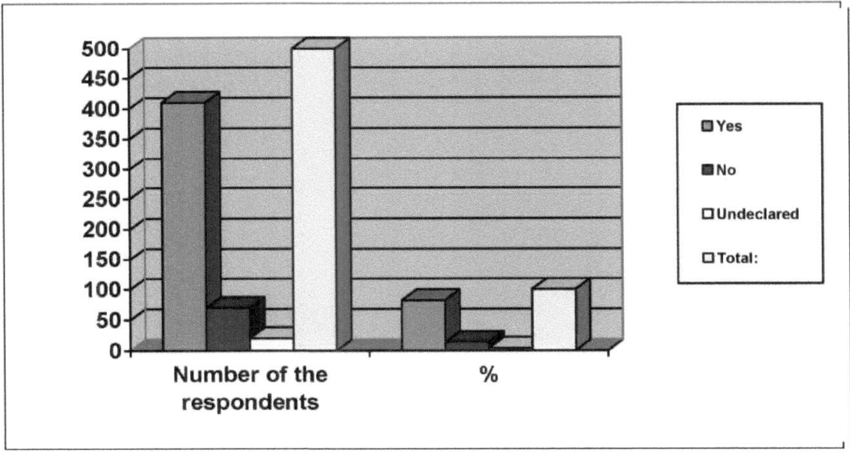

A partir dos resultados do inquérito, pode observar-se que o maior número pertence a uma associação. Assim, 410 ou 82% de todos os inquiridos declararam pertencer a uma associação. O número dos que não estão filiados em nenhuma associação é de 70 ou 14% de todos os inquiridos. No entanto, 20 ou 4 por cento não declararam pertencer a uma associação.

As associações albanesas foram criadas em circunstâncias históricas específicas, como uma manifestação do sentimento de pertença nacional e da falta de expressão da identidade noutras formas. Estas associações foram fundadas por intelectuais, que na expatriação sentiram a perda da identidade nacional e a necessidade de preservar e cultivar o albanismo através de associações. Elas foram formadas principalmente em grandes centros urbanos habitados por um grande número de albaneses, como, por exemplo: Istambul, Izmir, Bursa, Adana, Ankara, etc

Estas associações foram criadas quando era necessário preservar de alguma forma a identidade nacional e contribuir para a promoção dos valores nacionais albaneses na Turquia e no estrangeiro. Por ocasião da recente guerra no Kosovo (1998-1999), as associações não só sensibilizaram a opinião turca, como também contribuíram para o alojamento dos refugiados albaneses e para a recolha de ajuda para os mesmos. Como se verificou, foram recentemente criadas associações de membros albaneses-turcos.

6. Participação dos albaneses na vida política

Apesar da grande participação em várias associações, alguns albaneses que vivem na Turquia não pertencem a nenhum partido político. Os albaneses não manifestaram interesse nas actividades partidárias, porque estas não protegem os seus interesses nacionais. Para eles, os programas partidários não eram muito atractivos, exceto quando se tratava de um benefício material. Muitos albaneses não se sentiam turcos e não se envolviam na propaganda partidária. Os albaneses que tinham esperança de que isso mudasse as circunstâncias e até fossem repatriados para a sua terra natal. Uma grande parte dos albaneses dedica-se ao artesanato, ao comércio ou à agricultura, profissões que não estão relacionadas com a vida política. No entanto, não são indiferentes ao apoio a qualquer partido político e há homens que exercem também posições importantes nas estruturas dirigentes dos vários partidos. No Parlamento turco há quatro albaneses, representantes de vários partidos políticos. Num período difícil do desenvolvimento do Estado turco, quando se manifestou uma crise governamental na Turquia, por decisão do Estado-Maior do Exército turco, o poder militar foi temporariamente assumido, sendo o seu chefe colocado o general albanês Kenan Evren. [26]

I conducted several interviews with several mayors, who are Albanians, the mayor of Yenikoy, Mr. Erdall Hasan (Gaqkolli), whose ancestors were displaced in 1913, the mayor of Qobanisës, Mr. Ismet Apak (Grabovci) Yqpinar mayor, Mr. Yasin Halat (Daut)[27] , deslocado pelos Cham em 1907, o presidente da Câmara de Eceabat, Adam Ezhder (mehani) o presidente da Câmara de Lulaburgasit, Emin Halebak, com um membro do Parlamento turco, que são um total de três, o sr. Pakyrek Niazi, 1957 Erezi deslocado pela Bolsa de Valores, Muharrem Toprak,

---

[26] Numa reunião com o Embaixador da Albânia na Turquia, Nesip Jeljko, com a apresentação de credenciais ao Presidente da República da Turquia, Kenan Evren Pasha, declarou:" ... Por exemplo, eu sou de Presevo, chegámos à Turquia durante a Primeira Guerra Mundial. Na altura, Presevo tinha três bairros, dois habitados por albaneses e outro por turcos. O encontro teve lugar a 24 de fevereiro de 1988". Ver ainda o livro: Os Albaneses no Império Otomano, Tirana, Albin, 1997.

[27] Halat Yasin, presidente da Câmara de Ycpinarit, perto de Manises, afirma que mais de 50% das estruturas dirigentes dos órgãos de poder e da administração do Egeu, na Turquia Ocidental, exercem a profissão de albaneses. 5 de outubro de 2004.

deputado do Parlamento turco, deslocado por Makoci perto de Pristina (devido a compromissos oficiais não teve oportunidade de se encontrar com ele), o Diretor Adjunto do Departamento de Educação do Município de Bursa, Necmettin Shenocak (Morina), deslocado em 1958 de Hodonoc Gjilan, etc. É de salientar o Sr. Ahmet Pristina, Presidente da Câmara de Esmirna durante seis anos, eleito pelo Partido Popular Republicano, que entrevistou em 1 de junho de 2004.[28] A primeira questão colocada ao Sr. Ahmet Pristina foi a seguinte "Quem é, de facto, Ahmet Pristina?". Houve outras perguntas, cujas respostas são reproduzidas em seguida de forma completa.

Ahmet Prishtin (ao centro), presidente da Câmara de Esmirna, eleito para dois mandatos, fotografia tirada em 1 de junho de 2004

"Nasci em Esmirna antes dos 52 anos. A minha mãe é de Skopje e o meu pai é de Pristina. A minha mãe chegou a Esmirna em 1920. O meu pai e o meu tio, juntamente com os seus familiares, viveram e trabalharam em Pristina.

---

[28] Ahmet Pristina, presidente de Izmir (filho de Husayn Prishtina, primeiro prefeito de Prishtina eleito em 1943), duas semanas depois da entrevista que fizemos, morreu de ataque cardíaco a 17 de maio de 2004, com 52 anos, em Izmir.

Ocasionalmente, visitavam Tirana. O meu avô mudou-se para Tirana, enquanto o meu pai e o meu tio se mudaram para Esmirna.

• Nas eleições anteriores em Esmirna, o meu partido ficou em primeiro lugar, pelo que tem cinco anos de presidência da Câmara de Esmirna. Os projectos que fizeram a cidade de Izmir são apoiados pelos cidadãos.

• Como é sabido, Esmirna é uma cidade histórica. Com monumentos históricos, esta cidade merece ser uma cidade mundial. Até eu, como seu presidente, estou a trabalhar nesse sentido.

• Turquia Os albaneses mantêm boas relações com o povo turco desde a era otomana. Os albaneses que vivem atualmente na Turquia não têm qualquer problema nas suas vidas. Com tradição e cultura, vivem em grande harmonia com o povo turco. Eu, quando era deputado (Parlamento turco-Rr.B.) visitei o Kosovo. Nessa altura, vivia-se um período muito difícil. Tive a oportunidade de me encontrar com os líderes do Kosovo na altura. Em Pristina, tive a oportunidade de visitar os meus familiares que lá viviam. Uma tia do meu pai é casada com o jornalista Nehat Islam. Visitei-os e vi que as relações entre albaneses e turcos que vivem no Kosovo não têm qualquer problema.

• Ouvi dizer que Hasan Prishtina, mas eu (o meu apelido-Rr.B.) não tenho qualquer ligação com a família. Sei que na história ele é uma pessoa importante.

• Gostaria muito de visitar novamente Pristina, porque agora é uma boa altura para o Kosovo. Mas até agora não tive tempo para lá ir. A minha mãe é de Skopje e, por isso, espero que Pristina e Skopje se visitem no futuro. Se houver uma cooperação entre o município de Izmir e Pristina, ficarei muito contente".[29]

A comunidade albanesa tem muitas personalidades eminentes não só na vida política, mas também económica, cultural, educativa e desportiva. Há homens de negócios conhecidos (irmãos Tyrker, Vehbi Koc, "nove irmãos" de Adana e Istambul, família Shabiu de Peja em Ancara, Enver Hajdaraga de Debar, que vive em

---

[29] Entrevista com o Sr. Ahmet Pristina, Presidente da Câmara de Izmir. 1 de junho de 2004.

Ancara, Fikri Hamann de Korca, que vive em Ancara, Enver Pehlivani, que vem de Prizren (de Sharri), em Ancara, Ramadan Qyqalla, vive em solos, Recep Ergyn, de Pristina, vive em Esmirna, Ramadan Yelibov (Ramush), proprietário da fábrica "Kosova-Têxtil" - Bolsa de Llashtice᾽ de Gjilan, os outros, que exercem a bolsa de têxteis Fehmi Kosovo de Keqekolla, proprietário da fábrica de mobiliário de nome "Kosovo" em Ynegol, etc.). Cantores famosos (Emel Sayn, Gandan Ercetin, Senturk, etc.), desportistas (Hakan Sayn, Gandan Ercetin, Senturk, etc.).), desportistas (Hakan Sykyr,) políticos (Ahmet Pristina já falecido, Kemajl Dervis, Kenan Evren, Niazi Pakyrek (deputado no Parlamento turco, os três outros albaneses Recep Gyndyz (Krivaqa) vive em Bursa, Saban Kalludra filho Kalludra nacionalista Salih, vive em Adapazan, Ahmet Colak, vive em Ancara, Necmettin senocak (Morina), diretor-adjunto do Departamento de Educação da cidade de Bursa, Mustafa Yaris, presidente da associação "Rumeli" em Ynegol, Ismet Apak, de Grabovci Kastriot, presidente da câmara de Qobanisës, Yasin Halat, avô de Camarija há 100 anos, presidente da Câmara de Ycpinarit, Hetem Ates (Berisha) de Rimanishte vive em Bergam, Adem Ezhder (mehani), presidente da Câmara de Eceabatit, deslocado de Podujevo, Raif Terziu em Veliki, proprietário do Colégio em Tekirdag, Emin Halabak, presidente da Câmara de Lulaburgasit, deslocado de Prizren em 1933, Recep Altepe, presidente da Câmara de Osmangazi - Bursa, Mustafa Ynegyn, da aldeia de Kicevo Zajas, médico proeminente no Hospital Geral de Istambul, muitos outros, Murat Ay (Lajci) de Peja Nobergjani, comerciante conhecido não só na Turquia mas também no estrangeiro, e muitos outros.

São numerosos os dignitários políticos, literários, artísticos, culturais, educativos, da comunidade albanesa, que contribuíram em diferentes períodos históricos da Turquia, para o desenvolvimento global do Estado e da sociedade turca. Neste caso, mencionaremos apenas alguns importantes como Mustafa Kemal Ataturk, o fundador do Estado turco moderno,[30] irmãos Naim e Sami Frasheri,

---

[30] A origem de Mustafa Kemal Ataturk tem sido uma das maiores preocupações de muitos biógrafos. Muitos biógrafos referem-no como sendo de origem albanesa, como o Sr. Harold Armstrong, escritor britânico, historiador e escritor Murat Sertoglu, filho de Eski Pehlivan (um antigo acrobata): Ali Riza Efendi foi o padrasto de Ataturk. O verdadeiro pai de Mustafa Kemal era Beqir Agai. Chamava-lhe Beqir Aga albanês... Trabalhava num serviço... em Salónica. Matou um cacak, um fugitivo da alfândega, e foi preso, onde morreu. Zybejde

Mehmet Akif Ersoy, Hodja Hasan Tahsin, Ibrahim Temo, Namik Kemal, Esat Pasha Janina, Sulayman Qylqe, Derralla Pasha Mehmet Ali Shefqet Skopje, Marshall M. Fevzi Cakmak, Ali Sami Yen (o filho de Sami) e muitos outros.

Sami Frashëri (1850-1904) está entre as personalidades mais proeminentes da cultura e da literatura turca, que durante a sua curta vida de 54 anos desenvolveu e publicou mais de 54 obras literárias, linguísticas, culturais, em turco, e outras dez em albanês. Na literatura turca moderna, Sami foi o primeiro turco a publicar o romance "Amor de Talat com Fitnetin", em Istambul, em 1873. Pode dizer-se que a turkologjia começou com Sami Frasherin. O dicionário turco-osmanisht foi o primeiro que se atreveu a publicar o título turco - foi Turki Kamus (dicionário turco) que permitiu ao Palácio Otomano de Turco e à Turquia dizer. Numa altura em que nem o próprio turco conseguia exprimir-se: "Eu sou turco e a minha pátria chama-se Turquia". Sami Frashëri publicou o dicionário da língua turca. Foi dado a conhecer aos turcos que a palavra "Otomano - o Otomano" não inclui a língua ou a cultura turca nem a própria Turquia. "O otomano" é o título de uma dinastia familiar perandorake- escreveu Sami Frashëri.[31] O seu filho Ali (Ali Sami Are) foi o fundador do clube de futebol Galatasaray, em Istambul, em 1905. No início jogou, mesmo depois serviu como árbitro, e, portanto, distinguir o povo turco hoje este povo desportivo estádio em Mexhidiyekoy deste famoso clube de futebol foi batizado com o nome de "Ali Sami Yen palco".

Mehmet Akifi Ersoy (1873-1936), poeta, patriota e grande académico islâmico, conhecia muitas línguas, mas também o albanês. O seu pai, Mehmet Tahiri, tinha emigrado de uma família da aldeia de Slnishicc', no município de Istok. Mehmet Akif era veterinário de profissão, mas dedicava-se com afinco à literatura e à poesia, nas quais reflectia os trágicos acontecimentos da época, especialmente a Guerra dos

---

Hanemi, do seu primeiro marido, teve dois filhos, Sureja e Mustafa, e uma filha, Magbule. Viúva, Ali Rizan casou-se e instalou-se na propriedade de Muhsin Bey, perto do aeroporto de Salónica. Escrito em 1 de abril de 1970 no jornal "*Turxhemen*". Ver: Os Albaneses no Império Otomano, p. 171.

[31] Ver ainda o livro: Albaneses no Império Otomano, p.80.

Balcãs de 1912-13, a Primeira Guerra Mundial de 1914-18 e a Guerra de Libertação Nacional Turca de 1919-22. Participou na Guerra de Libertação Nacional Turca e colaborou com o chefe Mustafa Kemal Pasha, tendo sido deputado no distrito de Buduri, novo fundador do governo turco, em 23 de abril de 1920. É o autor do hino nacional turco "Istiklal Marsi" (A Marcha da Independência).[32]

Hoxhë Hasan Tahsini (1811-1881), nascido numa aldeia perto de Filat em genocídio, o primeiro fundador da Universidade de Istambul em 1868, e em 1871 tornou-se o seu primeiro reitor, e também ensinou matérias como física, química, cosmografia, astronomia, biologia, sociologia, psicologia, disciplinas científicas aquelas que não eram reconhecidas no mundo oriental. Publicou cerca de 20 livros científicos e, consequentemente, a sua obra científica sob o título de "imam", que em albanês significa "professor". Colaborou com os renascentistas liderados por Sami Frashëri, com Ismail Kemal Vlora (conhecido na história por ter hasteado a bandeira em Vlora com a declaração de independência da Albânia em 28 de novembro de 1912), com Vaso Pasha Shkodrani (especialmente conhecido pelo poema renascentista "Moj Shqypni poor Albania"), o dervixe Hima, o Dr. Ibrahim Temo, o filósofo Riza Tawfiq e muitos outros.[33]

Mustafa Fevzi Cakmak, marechal (1876-1950), foi um dos melhores amigos de M. Qemal Ataturk no domínio da defesa e da revolução republicana; foi presidente do Estado-Maior de 1922 a 1944. Depois de terminar a academia militar, foi enviado para Rumeli e trabalhou nos territórios albaneses. Nessa altura, foi promovido a coronel e, em 1908, foi deputado Vali no Kosovo. Durante 15 anos consecutivos trabalhou no Norte da Albânia e, em 1914, foi promovido a Paxá (general). Durante a guerra dos Balcãs de 1912-1913, lutou contra os sérvios e os gregos na Macedónia.

---

[32] Mehmet Akif, originário de Shushica Istog, pai de Tahiri que emigrou para a Turquia, para além de se ter distinguido como poeta, é conhecido pelo povo turco por ter escrito o texto do hino da Turquia, cujo texto foi selecionado num concurso público anunciado na altura da fundação do Estado turco moderno por Mustafa Kemal Ataturk, no qual participaram cerca de 500 concorrentes.

[33] Ver livro mais adiante: Nexhip P. Alpan - Nesip Kaei. Albaneses no Império Otomano, monografia, Albin, 1997, Tirana.

Participou na batalha de Canak - Castelo em 1915. Juntamente com o CM Ataturk e Ismet Pasha, Inony organizou a luta de libertação nacional na Anatólia. Mustafa F. acendeu em Ancara o cargo de Ministro da Guerra, mas foi também Primeiro-Ministro. Depois de se reformar, viveu em Esmirna, onde o coronel Sulayman Qylqe, um académico militar, o conheceu e lhe transmitiu a sua opinião sobre a origem albanesa. Ele falava um albanês puro, e a conversa que se desenrolava procurava explorar a documentação otomana da história da Albânia. Segundo ele, a história dos turcos e a dos albaneses têm elementos comuns, recordando as palavras de Ataturk: "Escrever a história é tão importante como fazê-la. Quem escreve, se não for leal aos fazedores, a realidade assume realmente um carácter bizarro para a humanidade".[34] Na história da Turquia houve personalidades muito importantes nos domínios político, militar, económico, cultural, educativo e outros, mas não nos limitamos a apresentar as suas biografias neste documento. Isto não significa que outros não tenham desempenhado um papel significativo na vida do conjunto sócio-político e cultural-educacional da Turquia durante a sua história, especialmente no período após a fundação da Turquia moderna por Mustafa Kemal Ataturk, em 1923.

Quadro 17. É membro de algum partido político?

Are you a member of any political party?	No. Of the respondents	Percentage
Yes	38	7.6
No	450	90
Undeclared	12	2.4
TOTAL	500	100

---

[34]. Ali mesmo, p. 119-120.

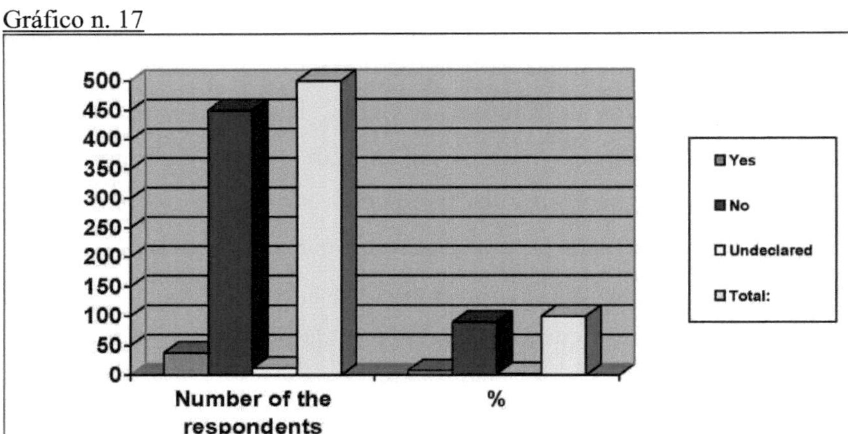

Como se pode verificar, a maioria dos albaneses na Turquia não está filiada em partidos políticos. Dos 500 inquiridos, 450, ou seja, 90 por cento, declararam não pertencer a nenhum partido político na Turquia, enquanto 38, ou seja, 7,6 por cento, são membros de um partido político na Turquia. Há 12 pessoas, ou seja, 2,4 por cento. Os albaneses na Turquia estão mais empenhados na segurança material e não mostram qualquer interesse em lidar com a política. No entanto, com base em entrevistas e respostas baseadas nas minhas observações, podemos concluir que o interesse em aderir a qualquer partido político está a aumentar. *Há duas razões para esse interesse: O bem-estar da família e o nível cada vez mais elevado de educação e cultura dos albaneses, que deixa espaço para se ocuparem das actividades partidárias, é uma das razões,* enquanto o nível de consciência política dos seus efeitos prováveis nos órgãos de poder e na administração turca para implementar muitas necessidades e objectivos políticos os tenta mesmo a mostrar um maior interesse pelas actividades políticas através da filiação num partido, é a outra razão.[35]

36 37 38

---

[35] Shaban Kalludra, concluiu a Faculdade de Economia, líder do Cumhuriet Partisi (Partido Republicano) em Adapazar. O seu pai, Salih Kalludra, um balista, fugiu em 1948 do Kosovo e foi viver para a Turquia, onde Os albaneses gozavam de uma autoridade especial.

7. Nível de envolvimento do emprego em instituições culturais

O número de albaneses na Turquia que encontraram trabalho em qualquer instituição cultural turca é também reduzido. A maior parte deles não trabalha em nenhuma instituição cultural. O quadro que se segue refere-se a este facto:

Quadro 18. É empregado de uma instituição cultural?

Are you an employee of a cultural institution?	No. Of the respondents	Percentage
Yes	35	7
No	395	79
Undeclared	70	14
TOTAL	500	100

Gráfico n. 18

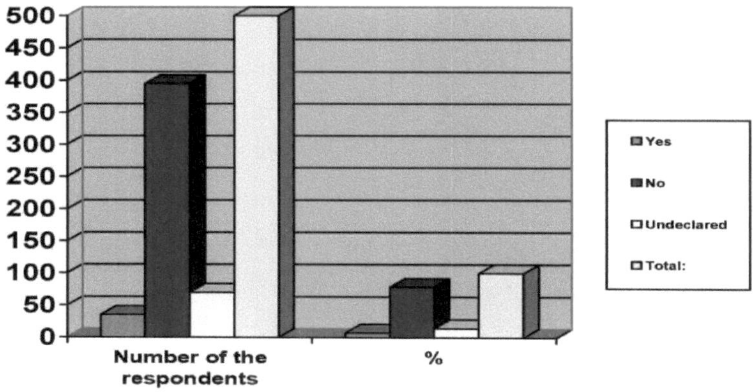

Os dados acima referidos mostram que o maior número de albaneses, neste inquérito, 395 ou 79%, não estão envolvidos em instituições culturais turcas. O número dos que trabalham em qualquer instituição cultural na Turquia é de 35 ou 7%. Há os não declarados, cujo número é de 70 ou 14%. A razão do seu não envolvimento em instituições culturais deve-se ao facto de não verem qualquer benefício financeiro e de o trabalho ser mal pago. Por conseguinte, o interesse em trabalhar em instituições culturais é muito reduzido.

8. *As opiniões dos albaneses sobre as atitudes e acções do Estado turco*

Os resultados mostram uma atitude muito positiva dos albaneses que vivem na Turquia em relação às atitudes e acções da Turquia oficial. Este facto, de certa forma, é também um símbolo da relação entre os albaneses estabelecidos na Turquia e o Estado turco.

Quadro 19. Qual é o seu grau de satisfação relativamente às atitudes e acções do Estado turco?

How satisfied are you with the attitudes, actions of the Turkish state?	No. Of the respondents	Percentage
So much	450	90
Partly	30	6
Little	0	0
Not at all	0	0
Undeclared	20	4
TOTAL	500	100

Gráfico n. 19

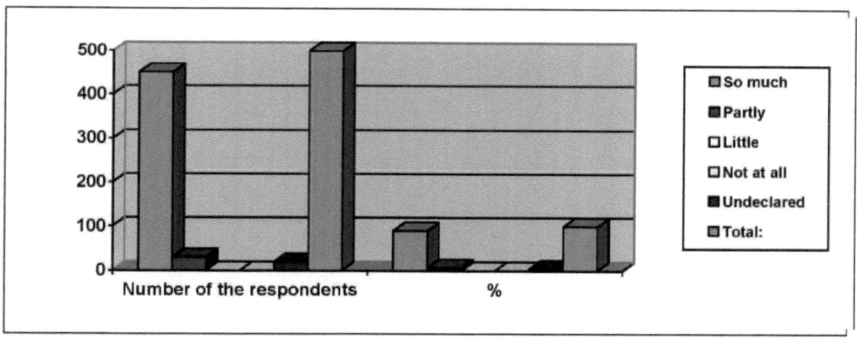

Estes resultados indicam uma convicção e uma ligação estreita entre os albaneses estáveis localizados na Turquia e o Estado turco. Esta ligação pode ser entendida a partir do facto de a filiação religiosa, por um lado, e o apoio turco, especialmente nos últimos tempos, terem sido bem acolhidos pelos albaneses na Turquia. Além disso, o nível de integração encoraja a aceitação das acções do governo turco em matéria de política externa e em relação aos albaneses na Turquia. Por outro lado, o envolvimento na vida política e social, o sistema educativo turco, etc., dá a garantia de que as acções oficiais da Turquia são corretas, embora não forneça qualquer posição nacional, albaneses na Turquia. Mais precisamente, como se pode ver no quadro. 18, 90% dos inquiridos estão muito satisfeitos com as posições assumidas e as acções empreendidas pelo Estado turco. De seguida, apresentamos algumas declarações políticas e diplomáticas de alguns altos dirigentes do Estado turco sobre as relações entre a Albânia e a Turquia.[39]

Kenan Evren, o então Presidente da Turquia, por ocasião do encontro com o embaixador albanês em fevereiro de 1988, declarou "... Olhamos para a Albânia, como disse Ataturk, de muito perto. Os albaneses ligam-nos a muitas coisas, vivemos o mesmo destino durante cinco séculos sob o mesmo teto, rimos e chorámos juntos, divertimo-nos juntos com a raiva, olhamos para a história como ela foi, lutámos e vencemos juntos. Na Turquia, como dizem os albaneses, diz-se mais do que amigo, diz-se irmão, e eu acrescentaria mesmo que somos primos... as relações de amizade e de fraternidade com a Albânia e com o povo albanês são e continuarão a ser uma constante da nossa política externa. Na Turquia, vivo e trabalho com milhares de albaneses em todos os domínios. No exército, onde trabalhei durante anos, tenho muitos colegas, amigos de amigos de origem albanesa, que são militares capazes e leais".[40]

Turgut Ozall, presidente da Turquia de 1989 a 1993, ano em que morreu de ataque cardíaco, na reunião que teve com diplomatas albaneses sobre estimativas de albaneses: "... Eu trabalho e vivo com muitos cidadãos turcos de origem albanesa e que eles eu tenho verdadeiros amigos. Besa-besë, diz em inglês, é o lema dos albaneses e os turcos estimam-nos por esta qualidade. Muitos albaneses na Turquia têm amigos próximos... Porquê ir para longe, o meu principal conselheiro, Engin Gyneri, é albanês de Prishtina... Na nossa família temos noivas albanesas, um dos

---

[39] As relações diplomáticas entre a Albânia e a Turquia foram estabelecidas em 1920 por decisão do Congresso de Lushnja, realizado no final de janeiro de 1920. Após a criação do Estado nacional turco, em 23 de abril de 1920, liderado por Mustafa Kemal Ataturk, os governos dos dois países assinaram vários acordos de cooperação interestatal. Estas relações aumentam uma vez mais e diminuem, em função das políticas dos vários governos, mas, de acordo com a avaliação global, têm sido estáveis, amigáveis e até fraternais. Ver: Os Albaneses no Império Otomano, p.190.

[40] Albaneses no Império Otomano, p.193,194.

meus irmãos tem uma mulher albanesa. Os albaneses são bons trabalhadores, justos, honestos. Sabe, aqui na Turquia, diz-se que se aceitarmos uma rapariga albanesa, ela é trabalhadora, é uma anfitriã regular, mas não se dá a quem é rancoroso. Quantos albaneses pensa que há na Turquia? - fez a pergunta e não obteve resposta, porque ficou surpreendido com tal pergunta. Na Turquia há muitos albaneses da Albânia. Não é de admirar que tenhamos vivido 500 anos juntos e que, durante este tempo tão longo, os nossos laços culturais, religiosos, espirituais, históricos e familiares se tenham estreitado. Os subsídios que o governo turco, liderado pelo Sr. Turgut Ozall, na altura da queda do comunismo na Albânia, que tinha carregado a sua fé no primeiro conselheiro Engin Gyner, albanês, foram muito importantes e muito significativos. No pacote de ajuda está escrito "Ajudar o povo turco a fraternizar o povo albanês". É importante felicitar a Albânia, que beneficiou igualmente a Turquia.

Sulejman Demirel, presidente turco, que tinha pendente os deputados de origem kosovar-albanesa, um de Gjilan (Abdulkader Xhenkxhiler), quatro do Kosovo e um de Laberia, em reuniões com representantes diplomáticos albaneses, declarou "Na Turquia vivem muitos albaneses, que gozam dos mesmos direitos que os turcos. Aqui, vemos estes congressistas, e muitos outros como eles, participarem no legislativo mais alto de centenas de outros países no executivo em todas as instâncias. Os albaneses deram-lhes um sítio turco branco".[41]

---

[41] Aqui mesmo, na pág. 202.

9. *Posição social dos albaneses no Estado turco*

A opinião da maioria dos albaneses na Turquia sobre a sua posição social no Estado turco é muito boa. Uma boa posição social é, sem dúvida, um fator de estabilidade e de integração para os albaneses que vivem na Turquia. Nenhum dos inquiridos afirmou não estar descontente com a posição social que ocupa na Turquia.

O quadro que se segue apresenta pormenores sobre a opinião dos albaneses na Turquia relativamente à sua posição social:

Quadro 20. Qual é o seu grau de satisfação relativamente à posição social no Estado turco?

How much satisfied are you with the social position in the Turkish state?	No. of the respondents	Percentage
So much	455	91
Partly	35	7
Little	0	0
Not at all	0	0
Undeclared	10	2
TOTAL	500	100

Gráfico n. 20

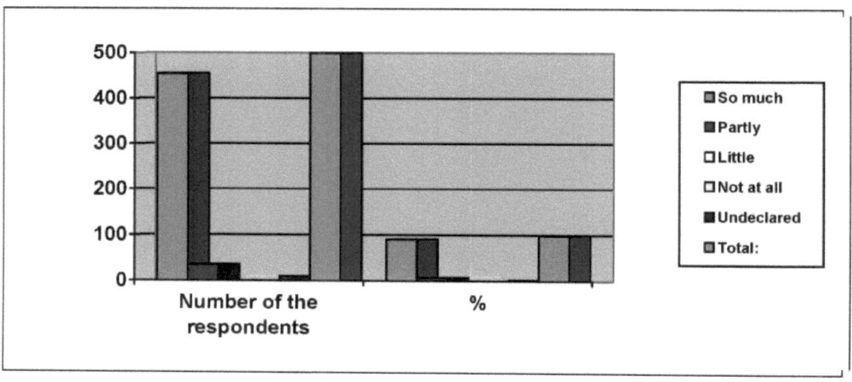

Estes dados indicam uma estimativa muito boa dos albaneses que vivem na Turquia, a posição social de que gozam no Estado turco. Assim, 455 inquiridos, ou seja, 91%, declararam-se muito satisfeitos com a posição social que ocupam no Estado turco. Esta elevada percentagem de declarantes e as respostas compreendem que a posição social na sociedade turca, os albaneses consideram a posição social fora do contexto nacional, o que significa o mesmo que todos os outros cidadãos.

Parcialmente satisfeitos estão 35 pessoas, ou seja, 7% do total de inquiridos. Não há nenhum inquirido declarado como pouco ou nada satisfeito. A percentagem de Indecisos é de 10 pessoas ou 2 por cento do total de inquiridos.

10. As opiniões dos albaneses sobre as atitudes, acções e comportamentos do povo turco

Quase como no caso do Estado turco, a grande maioria dos albaneses que vivem na Turquia está muito satisfeita com as atitudes e o modo de agir e de se comportar dos turcos em geral. Daqui se pode depreender que existe uma grande diversidade de atitudes, acções e comportamentos entre os albaneses que vivem na Turquia e a população autóctone turca.

Quadro 21. Até que ponto está satisfeito com as acções, atitudes e comportamentos do povo turco?

How much are you satisfied with the actions, attitudes and behaviors of the Turkish people?	Number of the respondents	Percentage
So much	470	94
Partly	10	2
Little	0	0
Not at all	0	0
Undeclared	20	4
TOTAL	500	100

Gráfico n. 21

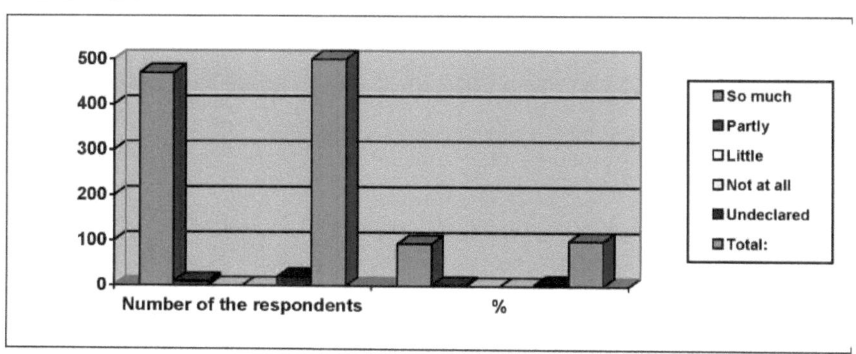

Isto mostra que existe uma atitude realmente positiva dos albaneses que vivem na Turquia em relação às atitudes, acções e comportamentos da população turca.

Assim, 470 dos 500 inquiridos, ou seja, 94%, declararam-se muito satisfeitos com as acções, atitudes e comportamentos do povo turco. A percentagem de declarantes satisfeitos com as acções, os comportamentos e as atitudes do povo turco corresponde à percentagem de declarantes satisfeitos com as atitudes, os comportamentos e as acções do Estado turco. Isto significa que a maioria dos albaneses aceita como um facto inegável um relatório positivo, correto e hospitaleiro sobre o Estado e o povo turco.

A satisfação é declarada por 10 pessoas ou 2% do número total de inquiridos, a insatisfação é declarada por 20 pessoas ou 4%, enquanto a insatisfação com as atitudes, acções e comportamentos dos turcos é declarada por 20 pessoas ou 4%. A percentagem de declarantes insatisfeitos com as acções, comportamentos e atitudes do povo turco é, como se viu, irrelevante. Trata-se, talvez, de uma expressão de insatisfação com o comportamento do povo turco em determinados ambientes sociais, onde os albaneses não puderam ser integrados na corrente principal dos processos de desenvolvimento social e económico, seja no emprego, na educação ou em qualquer outro segmento da vida social. Por outro lado, quando se trata de exprimir a sua insatisfação em relação ao Estado turco, não há nenhum declarado, enquanto que a percentagem de não declarados é a mesma (4%) nas opiniões dos albaneses em relação ao Estado turco e ao povo turco.

Com base nos dados, pode concluir-se que os albaneses se integraram na sociedade turca, experimentando os processos de desenvolvimento socioeconómico, político, cultural, educativo, etc., como destino das suas vidas. A sua integração na sociedade não deixa qualquer margem para outras avaliações.

11. O sentimento de igualdade como forma de integração dos albaneses na Turquia

Um fator importante, que mostra o nível de integração dos albaneses que vivem na Turquia, especialmente para aprofundar o processo de integração, é também *o sentimento de serem iguais na sociedade turca*. O sociólogo Brubaker (1996), ao aceitar a cidadania dos imigrantes, entende-a como algo psicologicamente condicionado, realmente como uma *forma de pensar sobre a existência nacional.* [42] O modelo de concessão da cidadania segundo o naturalismo dos indivíduos, ou dos imigrantes, incluirá a homogeneidade étnica e religiosa, a segurança nacional, a partilha da coesão histórica e sócio-étnica como componentes importantes no processo de integração dos grupos étnicos na comunidade social.

Dos inquéritos realizados, pode concluir-se que existe um forte sentimento de igualdade entre a população turca e albanesa que vive na Turquia, independentemente da sua origem ou etnia.

Table 22.   Sente-se igual por causa da sua etnia?

Do you feel equal because of ethnicity?	Number of the respondents	Percentage
Yes	471	94.2
No	10	2
Undeclared	19	3.8
TOTAL	500	100

---

[42] Brubaker, Rogers. Nationalism Reframed: Nationhood and the National Question in the New Europe. Cambridge: Cambridge University Press, 1996, p.58.

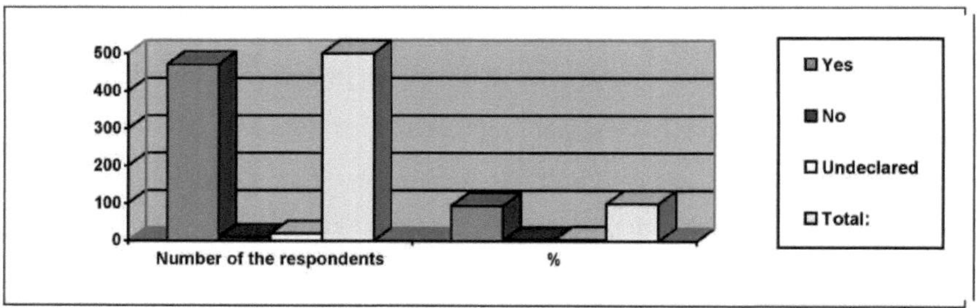

Os dados apresentados na Tabela 21 mostram o nível de sentimento de igualdade entre os albaneses que vivem na Turquia e a população local turca. Dos 500 inquiridos, 471 ou 94,2% declararam que se sentem iguais, independentemente da sua etnia. Esta percentagem muito elevada de declarantes que se sentem iguais ou indiscriminados devido à etnia, origem nacional, respetivamente, pode ser entendida como um facto de que a comunidade albanesa na vida social e pública não se sente como um estranho, mas como parte integrante da sociedade turca.

Do total de inquiridos, apenas 10 ou 2 por cento afirmaram não se sentirem iguais à população turca. Entretanto, 19 ou 3,8% não declararam sentir-se iguais ou desiguais em relação ao povo turco. As duas categorias de declarantes que se sentem desiguais e as que não se declaram iguais respondem quase da mesma forma às perguntas sobre a sua relação com o Estado turco, o povo turco e a sua posição social. Isto significa que temos uma atitude de uma parte constante da comunidade albanesa e aceitável para o Estado e o povo turco.

Por conseguinte, a comunidade albanesa, que liga o destino de viver com o Estado e a sociedade turcos, devido à mesma filiação religiosa com os turcos, não sente discriminação na realização dos direitos humanos. Para a maioria deles, esta atitude é compreensível devido ao seu nível intelectual elevado, que não lhes permite ter outros conceitos sobre os direitos fundamentais nacionais de que devem beneficiar.

I want morebooks!

Buy your books fast and straightforward online - at one of world's fastest growing online book stores! Environmentally sound due to Print-on-Demand technologies.

Buy your books online at
www.morebooks.shop

Compre os seus livros mais rápido e diretamente na internet, em uma das livrarias on-line com o maior crescimento no mundo! Produção que protege o meio ambiente através das tecnologias de impressão sob demanda.

Compre os seus livros on-line em
www.morebooks.shop

Printed by Books on Demand GmbH, Norderstedt / Germany